今日からできる
かんたん浄化実践ガイドブック

人生を豊かにする
浄化生活

堀尾和正

目次

目次

まえがき～運が良い人は実践している〝浄化生活〟

近年、書店に行けば、幸せになるための方法を説く、自己啓発、成功哲学、占い、スピリチュアル、開運法……などといった本をたくさん見かけるようになりました。また、自己啓発のセミナーやワークショップ、セラピーなども、一昔前と比べれば随分と増えたように思います。けれども、より良く生きるための情報や、幸せになるためのノウハウが、これだけ身近にあふれた時代になっているにもかかわらず、毎日が充実していない、楽しく過ごせない、と悩んでいる人々は依然として多くいらっしゃいます。それは、人間が、自然の中で生かされているという大前提と、場のエネルギーの重要性を忘れていることが原因だと私は考えています。

神社などの聖地（パワースポット）を訪れると、とても清々しくて良い気分になれるのに、自宅に帰ってくると何だかスッキリしない。こんな経験をしたことがある人も多いのではないでしょうか。人間は環境の影響を受ける生きものです。良いエネルギーを発する場に行けば良い気分に、悪いエネルギーを発する場に行けば悪い気分になってしまいます。よって、いくら幸運を引き寄せようと思っても、生活する場のエネルギーが良くならなければうまくいかない、ということにもなってくるわけです。

実際のところ、解決のための手法をいろいろと模索してきたけれども、何をやっても物事が好転せず、「いつも気持ちが晴れない」「不運ばかりでツイていない」という状況が続き、困りに困った果てに私のオフィスへといらっしゃる方が多いのですが、「場の浄化」「場のエネルギーアップ」を生業にしている立場からいえば、何よりもまず最初に場のエネルギーの良し悪しというものに気付いて欲しかった、というケースがよくあります。私たちは普段、家という〝建物〟に住んでいる、と考えがちですが、この建物は〝大地〟の上につくられているということを忘れてはいけません。様々なエネルギーを発する大地という自然に支えられて生きているのが人間です。人生を良くしていきたいなら、自然とのつながりを思い出し、自然への感謝の気持ちを持ち、まずは自分が生活する「場の浄化（邪気祓い、掃除、整理整頓）」からはじめ、「場のエネルギーアップ」へとステップアップしていって欲しいと思います。

そして、こうした場の改善に加えて、もう一つ大事なことがあります。それは、「心身の浄化」と「心身のエネルギーアップ」です。私たちは毎日の生活の中、他人との接触や自分自身の思いや感情によって、知らず知らずのうちに心身に場や他人の邪気を付着させたり、自分で生み出したりしています。帰宅後は入浴するなどして、これらの邪気を洗い流すことはもちろん重要なのですが、常に感謝の気持ちを持ったり、美しい立ち居振る舞いになるよう気を付けたりすることは、邪気をそもそも寄せ付けず、家に持ち帰らないという〝予防〟にもつながっていきます。実は、運が良いといわれている成功者たちの中には、こうした原理を知っていて、毎日の生活に役立てている人も多いようです。今、記したようなことは、幸運を引き寄せるための基本だといえるでしょう。

本書では、私がご相談いただいた方々にこれまでアドバイスしてきた内容や、常日頃心がけていることをまとめました。また、身近に置いて、ふとしたときに手にとって読んでもらえるように、日常生活の中で簡単にできる「場と心身の浄化とパワーアップ」の方法について中心に解説し、さらに上級者向けの方法もご提案しています。最初から順番に読んでいただいても、すぐに自分が実践できそうなところ、興味のあるところから読んでいただいても良いでしょう。これらの実践を通して、より多くの人が毎日イキイキと暮らし、豊かで楽しい人生を過ごすことができるような、「浄化生活」のお手伝いができれば幸いです。

第１章

〝浄化生活〟で運気は好転する

運を良くするための開運法、それが「浄化」と「エネルギーアップ」です。場においても心身においても、この二つが〝浄化生活〟の基本になっているといえるでしょう。穢れのないエネルギーの良い場で暮らしたり、自身の意識を高める努力を怠らない生活は、幸運の神が好むところなのです。

そうしたライフスタイルを送るようになると、あなたの中で滞っていたエネルギーが少しずつ流れ出し、行き詰まっていた心や感情が、明るい方向へ動きはじめるでしょう。そのときこそ開運のチャンスです。プラスの気持ちを持って、するべき努力を行うことで、大切な気づきが得られ、人として成長でき、同じようにプラスのエネルギーを持つ幸運を引き寄せることができるようになるのです。

そのためには一体どうしたら良いのか？　そのノウハウは順次ご紹介していきますが、その前に、なぜ浄化生活が開運をもたらすのか、浄化とエネルギーアップ、そして、家と幸運の関係について、この章で詳しく説明していきたいと思います。

場の影響を受けて生きている私たち

「この場所にいると気持ちが落ち着く」とか、「あの場所は何となく気持ちが悪い」といった感覚を抱いたことはありませんか？　多くの人が、気持ちの良い場所、気持ちの悪い場所があるというのを、自分の感覚で感じた経験があると思います。それは、無意識のうちにその場にあるエネルギーの影響を受け、心と身体が反応しているということなのです。

三千～四千年前の古代中国で生まれた「風水」は、その場に流れている気を把握して、その流れを操り、運気をアップさせていくという学問でした。現代の日本でも人気は高く、風水によって運気改善を体験する人も多くいるようですが、それは、人間が環境からの影響を強く受けて生きていることを、裏付けているように思います。まだ鋭い感性を持っていたであろう昔の人々は、この世に存在するエネルギーや自然の気の流れを捉えることができていたのでしょう。そして、それらが人間に良くも悪くも影響を与えていることに気付き、環境を改善することで人間の幸福に貢献できるということを、学問として体系化したのかもしれません。

そう考えると、私たちは、自分自身の心身と同じように、自分が住む場（生活環境）に対するメンテナンスの重要性にも目を向ける必要性があるといえるでしょう。目には見えませんが、私たちが住んでいる場所にも特徴があり、そこで過ごす人々に耐えず影響を与え続けているのです。

1日の中で多く過ごす場所が高いエネルギーを持つようにするには、エネルギーアップの前に何よりもまず、場の悪いエネルギー（邪気）をそもそも寄せ付けず、祓うことが必要になってくるのです。

蓄積されていく不運の種を放置しない

先述したように、邪気を放出するような悪い場もありますが、人が発する邪気というのも度外視できません。

私たちは、日常生活の中で様々な感情を抱きます。たとえば、他人に対して嫌な思いを抱いたとき、そこにはエネルギーが生まれます。それはマイナスのエネルギーとなって自分やその場に残るだけでなく、瞬時に相手や周囲の人間にも届き、邪気として付着してしまいます。逆に、知らず知らずのうちに、自分以外からの邪気を受けるというケースも当然出てくるのです。

そうしない、そうならないためには、自分自身がネガティブな思いを持たないことが大切です。なぜなら、プラスの感情が多いときは、自ら邪気を発することはほとんどありませんし、たとえ他人や特定の場所からの邪気を受けたとしても、それがよほど強いものでない限り、跳ね返すパワーを持っているからです。それでも、普通の生活を送っている限り、100%邪気を防ぐことは非常に難しいことでしょう。しかし、外出先やそこで出会った人々などを介して自分に付着した邪気に気付かず放っておくと、それらはやがて不運の種となってしまい、どんどん蓄積されていきます。毎日の生活の中で邪気を防ぎ、こまめに祓っていくことは、〝浄化生活〟を送る上で忘れてはならない習慣のひとつなのです。

「家」が果たす本当の役割

「家」(戸建以外のマンション、アパートなどを含む)とは、その音からも分かるように、〝癒える〟場所のことだと私は考えています。人は生きるために外社会とつながり、消耗した心身を家に帰って癒します。そこで身体をつくるための食事をとり、家族との愛情を育み、睡眠をとって明日への力を蓄えます。つまり、私たちが住む家とは、もし、そこから良いエネルギーが放たれているならば、一日の疲れをリセットして、外で付着した邪気を祓い、自身のエネルギーを充電し、生きる力を生み出してくれたり、充実した人生を過ごすための愛情や心の豊かさを育て、幸せの基礎をつくり上げるための場となるのです。雨風をしのぎ、身を守るだけの場ではありません。

そんな大切な役割を果たす家の住み心地が良くなかったら、どうして元気になることができるでしょうか。成功している人、運の良い人の家は、何といっても「住み心地が良い」というのが大きな特徴です。いつも隅々まで掃除が行き届き、整理整頓されています。住み心地の良さというのは、家の中に流れているエネルギーが良いということであり、そこに住む人は、その良い影響を受けて、元気で明るく、気持ちも前向きで、運気にも恵まれていくようになります。不要なものを捨て、掃除や整理整頓を常に行うことは、良いエネルギーを生み出し、邪気を寄せ付けず祓う力を持った家を維持するための「浄化」の基本といえるでしょう。要らないものを捨て、邪気を取り除けば、物理的にもエネルギー的にもその分のスペースが空くため、その分必要なものを取り入れることができるようになったり、良いエネルギーが流れこんでくるようになります。あとは、それをきっかけに、さらに自分を輝かせていく努力をしていけば良いのです。そうすれば、あなたが持って生まれた本来の輝きが蘇っ

てくることでしょう。

そうした「癒える場所」をつくり上げるのは、特別な力を持った人ではなく、そこに住む私たちの仕事です。家を癒える場所に変えようという意志があれば、誰にでもできることなのです。私たちを守り、力を与えてくれる家に感謝し、浄化を心がけて、良いエネルギーに包まれて生活しましょう。浄化生活は、自分の輝きを取り戻し、人生を好転させるような、幸運を引き寄せる力を高めるきっかけをもたらしてくれるでしょう。

自然とのつながりを取り戻す

雄大な山々、青く輝く大海。美しい大自然が広がる母なる地球は、そこで生きる私たちに、たくさんの恵みを与えてくれています。そしてまた、地球がつくり上げた大いなる自然界は、自浄作用という働きを備えています。汚れた水、汚れた大地、汚れた空気を、元のキレイな状態に戻そうとする働きです。

浄化生活では、この働きに着目し、生活の中に自然を取り入れるスペースをつくり、自然エネルギーを活用して場を整えていくことを目指します。その実践は、地球・大自然とのつながりを取り戻すことになり、自然の持つリズム、恵み、そして豊かさとの同調が促されることになるため、豊かで喜びに彩られた人生を送る第一歩となるのです。

海、川、雨によってもたらされる水、太陽から注がれる光、大地が育んだ植物や鉱物、空を渡る風、そして、それらを使って人間がつくり出した様々なものたち。たとえば天然の塩、天然素材の布や紙、香り、音、火などなど。浄化生活に必要な素材は、すでにたくさん与えられています。

本書をきっかけに、毎日の生活の中に、こうした自然の恵みと良いエネルギーを取り入れ、場（土地、家や部屋などの生活環境）と心身の浄化&エネルギーアップを実践していただけると嬉しいです。そして同時に、我欲で地球をこれ以上汚さないためにも、自然界からの恩恵に感謝する心を忘れないで欲しいと思っています。

第2章

実践①～場の浄化

みなさんが暮らす家や部屋といった場には、個別のエネルギーがあり、そこにいる人に絶えず影響を与えています。

たとえば、ホッとできるカフェがあれば、どことなく居心地の悪いカフェがあります。清々しく気持ちの良いスポットがあれば、ザワザワと心を乱されるスポットもあります。住む場所も同じです。寛げてリフレッシュできる家や部屋があれば、イライラや不健康を誘う場合もあるのです。

その差は一体、どこにあるのでしょうか。

それは「場の浄化」が行われているかいないかによる、エネルギーの違いなのです。場を浄化し、悪いエネルギーを良いエネルギーに変えると、そこにいる人にも良い影響を及ぼしていき、幸運を引き寄せやすくなっていきます。

この章では、場のエネルギーアップの前段階に当たる、場の邪気を取り除く具体的な方法について紹介します。

運が良い人の多くは当たり前のように、ときには意識して浄化を実行しています。良いエネルギーを効率的に得るためにも、まずは「場の浄化」からはじめていきましょう。

風によるお祓い

風は自然の息吹、神様の息吹ともいわれ、お祓い、つまり浄化の働きがあります。場の浄化は、まずは窓を開けて風を通し、風のお祓いをすることからはじまります。

これから掃除をはじめとして、様々な場の浄化法をご紹介しますが、どれを実践するときにも、状況が許す限り、窓を開けて風でお祓いをしてから行うことを前提としてください。

まずは、風という自然のエネルギーを取り入

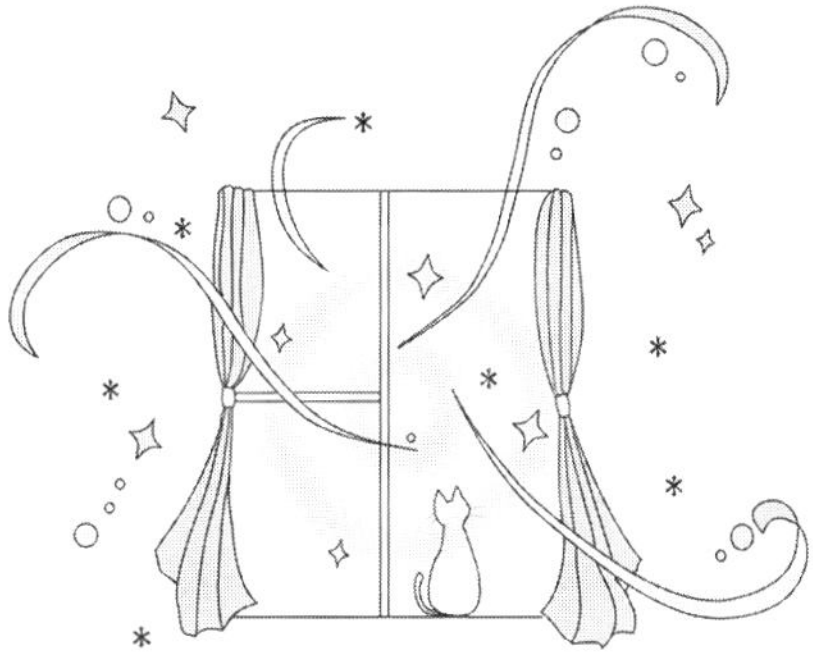

れる、これが場を浄化する第一歩です。

　掃除の前や朝起きたときなどには、必ず窓を開けて部屋に風を通し、新しい空気と入れ替えましょう。閉め切られた部屋は、空気だけでなくエネルギーの澱みにもつながり、邪気をつくり出してしまいます。これは風水でもよくいわれることです。風が通ることで、部屋にたまった邪気は去り、新鮮なエネルギーをもたらしてくれることでしょう。

　家の中に、新鮮な空気や太陽の光といった、自然のパワーも一緒に呼び込むようにイメージして、風を通すことをぜひ日課にしてみてください。窓を開けるたびに、「これから豊かな人生をつくるぞ!」と意識するのもおすすめです。

　天候の悪いときに、窓を開けないで掃除をしたりする方がいますが、雨の日には雨の日の、寒い日には寒い日の役割があります。天気を嫌うことは自然とのつながりを否定することになり、運気を下げる原因になってしまいます。たとえ冷たい空気が入ってきたとしても、空気中の邪気を祓うことで清々しい気分になれるはず。台風や暴風雨のような余程の悪天候でなければ、少しの時間でも良いので窓を開けて換気をしましょう。

不要なものを取り除く～掃除をするためのスペースづくり

風によるお祓いの次に簡単で取り組みやすいのが、不要なものを取り除くことです。簡単なことのようですが、これが実はとても大切なのです。

部屋にあるものは、これまでのあなたのエネルギーに引き寄せられてきたものたちです。不要になったり、長い間使っていなかったり、好みではなくなったものなどには、今のあなたに合わなくなったエネルギーが宿っているといえます。

そうしたものが部屋にたくさんあると、住む人にとってはマイナスに作用する邪気となり、エネルギーを重くし、運気を下げてしまうことになるのです。

壊れた家電製品、読まなくなった本、好みではなくなった衣類、使わない生活用品といったガラクタなどを取り除くと、その場のエネルギーが浄化されていくだけでなく、良いエネルギーを呼び込むためのスペースが生まれます。気持ちもすっきりとして安定してくるはずです。

ここで役立つ豆知識 **開運につながる捨て方**

不要なものを選び終わったら、まだまだ使えるものなら、フリーマーケットに出したり、リサイクルショップに持っていくのも良いでしょう。しかし、ほとんどのものは、捨てることになるでしょう。その中には、思い入れがあって捨てにくいと感じるものもあると思います。どうやって捨てれば良いのかと、意外と考えてしまうこともあるかもしれません。そうしたものは、次の手順で捨てると良いでしょう。

捨てるものを紙袋に入れたら、「今までどうもありがとう」と言葉で発するか、思いながら、天然塩を一つまみ振りかけてお清めをします。このとき、ものに対する自分の執着も、一緒に手放してください。

紙袋を使用することには理由があります。紙は「かみ」と読みますね。かみという言葉は、神という漢字にも置き換えられるように、良いエネルギーを発する言葉です。思い入れがあったものは、感謝と共に少しでも良いエネルギーに包んでサヨナラしてあげましょう。

紙でくるんでさえいれば、捨てるときには、他のものと一緒にゴミ袋に入れてしまって構いません。

直接身に着けていたものを捨てる場合はポイントがあります。

たとえば、靴は、未来へと前進するシンボルであり、自分自身を今ある所まで運んできてくれたありがたいアイテムです。他のゴミとは一緒にせず、まずは靴だけをひとまとめにして紙袋に入れます。そして、今まで共に歩めたことへの感謝の気持ちを伝え、天然塩でお清めをしてください。靴が入った袋の口が閉じてあれば、最後に他のゴミと一緒にまとめて捨てても構いません。

衣服の場合は、今までの感謝とお清めを兼ねて、面倒でも捨てる前に一度洗濯をしましょう。そして、先ほどの靴と同じ手順で捨ててください。

不要なものを取り除く～負の因縁を呼ぶものとは？

場の浄化という意味においては、たとえ不要ではなく、大事にしているものであっても、負の因縁を呼ぶものは邪気を招いて運気を下げてしまいますので、部屋から取り除いた方が無難です。

負の因縁を呼ぶものとは、「何となく嫌な感じがする」「怖い」「気持ちが悪い」「嫌な思い出がよみがえる」といった感覚を伴うものです。こうしたものは、この際思いきって処分するか、どうしても捨てられない場合は整理して仕舞うことが大事です。

どんなに高価でも、嫌な感じがするものを身近に置いたり、身に着けたりするのは止めましょう。

逆に、安くても良い感じがするものであれば、あなたに幸運を呼び込んでくれるラッキーアイテムとなります。

恐怖・死などを連想させるもの

ヨロイや刀などのように、どこか恐怖を感じさせ、戦いや死などのイメージを持つものは、邪気を呼び寄せやすいという特徴があります。またハクセイも、動物の死がダイレクトに関わるため、エネルギー的にはあまり良くありません。ポジティブさを見い出して飾れるコレクターでもない限り、取り除きましょう。

また、ファッションの中には、流行りもの、人気グッズだとしても、どうしてもネガティブなイメージがつきまとうものがあります。

たとえば悪魔や妖怪、ゾンビ、ドクロなど、ホラー系のものがそうです。好きな方には申し訳ないのですが、暗く陰鬱としたイメージ、怖いイメージがどうしてもついて回ります。こうしたイメージがあるものも、なるべく避けた方が良いでしょう。

特に、落ち込んでいるとき、身体が弱っているとき、運気が下がっていると思えるようなときに身に着けると危険です。

グッズやアクセサリー、衣服や雑貨などに、こうしたモチーフがデザインされている場合は、この際一気に処分しましょう。もちろん処分するときには、感謝の気持ちを込めて捨てることが大切です。

古い人形

昔からいわれていることですので、ご存知の方も多いでしょうが、古い人形には人の念がこもりやすく、また霊が寄りやすいといわれます。最近はあまり見られませんが、以前はテレビ番組の心霊現象特集などでも、洋の東西を問わず、人形の心霊現象はよく紹介されていました。気持ち良く感じられない人形には、たいてい邪気が付いていると思われます。人形の顔が汚れないように、紙や布などでくるんでから捨てると良いでしょう。

故人の写真

故人の写真もまた、場合によっては負の因縁を呼ぶことがありますので注意したいところです。

古い故人の写真

祖父母の代より以前の古い故人の写真を、家系の記念碑的に、ポジティブな意味合いで飾っている場合は良いのですが、その写真を見て家系の嫌な問題を思い出してしまうときなどは、外した方が良いでしょう。

●最近の故人の写真

この場合の故人とは、父母、配偶者、子供など、家系の中でも、より自分に近く、近年亡くなられた方の写真の場合です（恋人や友人の場合も同様に当てはめて参考にしてください）。

残された遺族の痛みや悲しみ、苦しみを思うと、なかなかいいにくいことではあるのですが、大事なことなので、あえて言及しておくことにします。

四十九日を過ぎても、悲しみや苦しみが続いている場合は、故人の写真を一度取り除くことが理想です。マイナスの感情を抱えたままで、長く飾っておかない方が良いでしょう。なぜなら強い悲しみや苦しみは、遺族と故人の執着になり、負の因縁をつくり出してしまうからです。

遺族がいつまでも写真を見て悲しんでいると、故人に対する執着が生まれるために、自分自身を縛ることになります。また故人にとっても、悲しむ遺族の姿はこの世への執着になってしまうので、成仏しにくくなるといわれます。そうなると、故人と残された側の双方に負の因縁が発生し、お互いに悪い影響が及んでしまいます。

そんなとき私は、あえてこのようなアドバイスをすることがあります。そして、実践していただくと、最初は抵抗感が見られるものの、徐々に心の状態が明るく変わっていかれる姿を目にします。

ここをクリアできると、良い思い出として故人を思い出してあげることが可能になり、「ありがとう」と感謝を捧げられるようにもなるでしょう。こうした思いは、とても良い供養になりますし、自分の心の癒しと安定にもつながり、因縁の浄化になります。

このような心境になれたら、また故人の写真を飾っても構いません。ずっと飾りたい場合は、明るくさわやかな心を保つことが大事です。強い悲しみや苦しみをもたらすものを取り除くことも、負の因縁をつくらないためには大事ですし、場の浄化には必要なことです。

好みでない贈りもの

意外に扱いに困ってしまうのが、他人からの贈りものなのではないでしょうか。食品なら食べれば無くなりますが、飾りものなどは自分の好みではないために困ることもあります。

贈りものには、それをくれた人の思いや気持ち、そしてエネルギーがこもっており、嫌々ながら飾っていると贈ってくれた相手との間に負の因縁をつくってしまうことになります。飾るタイプの贈りものは、自分が愛せるもの以外は、一週間から一カ月ほど飾ったら、あとは自由に処分して良いでしょう。贈りものをくれた相手の思いや自分の中の後ろめたさを昇華させるためにも、処分前に少しの間だけでも飾るところがポイントです。波長が合わないものを無理に置くよりも、自分が本当に好きなもの、必要なものだけを置くようにすると、その空間はあなたにとって気持ちの良い場所になっていきます。

古いお札やお守り

神社やお寺にお参りしたときに買い求めたお札やお守りは、いつまでも所持していたり、放っておかず、古くなったら神社やお寺に持って行って、お焚き上げをしてもらいましょう。たいてい、古札入れなどが置いてあるはずなので、そこに入れれば処分してくれます。

自分で処分する場合は、後で紹介する豆知識〝封印〜負の因縁を呼ぶものの処分法〟を参考にしてください。

アンティーク品

歴史ある品々には、何ともいえない魅力があるものです。その時代独特のデザイン、雰囲気、質感など、現代のものにはない趣きを楽しむことができます。しかし、アンティーク品には、その当時の所有者や時代のエネルギーが蓄積されています。どんなふうに扱われたのか。どんな環境でつくられたのか。それによって雰囲気も異なってきます。

見た目がいくら素晴らしくても、何となく暗い雰囲気が感じ取れるものは負の因縁を呼び込みます。自分が見て、明るい雰囲気のもの、素直に素敵だなと思えるものを選ぶようにしましょう。

特殊な美術品

有名な作家による芸術作品や、一般的に優れているといわれる作品であっても、なかには良くないものもあります。形状自体が邪気を呼びやすい場合もありますので、今まで何気なく部屋に飾っていた絵画や花瓶などの中に次のようなものがないか目を向けてみましょう。

作者の念

芸術家の方は、よく「魂を込めてつくりました。自分の思いを込めました」といわれます。この言葉通り、絵画やオブジェなどの美術品には、その作者の強いエネルギーが入っているものです。

ですから、その作者がどんな精神状態と思いでつくり上げたのかで、作品のエネルギーに違いが生まれます。そこが作品を選ぶポイントになります。作品の製作過程や背景などの情報がない場合は、自分の感性というセンサーで判断するしかありませんが、好きなアーティストが手がけたものがすべて良い作品とはいい切れません。作品自体に、愛着を感じられるかどうかがポイントになるでしょう。もし作品に対して、良くない感覚や、暗い雰囲気を感じるときは、その作品を飾ることで部屋のエネルギーも悪くなるので、外した方が無難です。

自分が愛してやまない芸術作品であれば、基本的に部屋のどこに飾っても問題はありませんが、できれば作品が生きる場所を見つけてあげましょう。いろいろなところに配置してみて、作品が最も輝いたり、イキイキしたりするように感じるところを探し出してください。そうすれば、より良いエネルギーが部屋に生まれ、あなたにも良い影響が届きます。

花瓶や壺は形状に注意

陶磁器の工芸品は火や熱を使って製作されます。火や熱には浄化作用があるので、すべてとはいえませんが、作品に込められたエネルギーのマイナス面が浄化され、プラス面が残りやすい傾向があります。その点では、絵画などと比べて、影響がダイレクトに出にくいものではあります。

しかし、口が狭い形状の花瓶や壺などの場合は特に中が暗い空洞になっているため邪気がたまりやすく、空のまま飾ると運気を下げる悪いエネルギーが生まれる原因になります。

そうした形状の花瓶や壺を飾っているなら、仕舞うことをおすすめします。どうしても飾りたい場合は、中に天然塩と水を入れて洗って邪気を取り、その上で白、水色、薄紫などの紙や布を詰めて口をふさいでください。邪気の侵入を防ぎます。

宗教に関する像

開運目的や観賞用として仏像などを飾る方がいますが、それはおすすめしません。その神々しい姿は美しく、いかにもご利益をもたらしてくれそうにも見えます。

こうした像は芸術作品として優れているかもしれませんが、本来は信仰するためのものです。信仰心もないのに、我欲で飾るのは負の因縁になり、邪気を呼びかねません。こういったものは、神仏に対して素直な信仰心を持ち、毎日感謝を捧げることができる方が飾るべきものです。

特に、開運目的だった人は心からお詫びをして、信仰心を持って飾りましょう。そして、毎日感謝を捧げてください。特に信仰を持たないのであれば、骨董品屋、もしくは、お寺や神社に引き取ってもらうか、お焚き上げをしてもらいましょう。

ここで役立つ豆知識

封印〜負の因縁を呼ぶものの処分法

不要な雑貨類などはゴミと一緒に捨てることができますが、問題は邪気を呼んでしまうような、負の因縁を感じさせるものを処分したり、仕舞うための方法です。これには注意が必要になります。こうしたときに覚えておいて欲しいのが、「封印」という方法です。

負の因縁を感じさせ邪気を呼ぶものというのは、独特のエネルギーを発しているため、その影響を受けないようにする必要があります。

何も難しいことはありません。まずは無地の紙か布を用意します。浄化という点では白や水色、薄紫などが理想の色です。天然素材の紙や布は、素材本来の色（たとえば生成りのような色）のままで良いでしょう。紙や布の上にものを置き、「今までありがとうございます」と言葉を発するか心中で思いながら、お清めのための天然塩を一つまみ振りかけ、そのまま塩と一緒に包み込み、最後に紐やテープなどでしっかりと封をすれば完了です。厳重に封印したい場合は、さらに二重三重に、紙や布で包み込んで封をすると良いでしょう。

　こうして封印したら、捨てられるものは捨て、保管するものは箱などに入れましょう。また持つべき人のところへ行くように、骨董品屋などに引き取ってもらうというのも一つの方法です。このとき、高く買い取ってもらおうなどと欲張ってはいけません。またそこで負の因縁をつくり、邪気を呼んでしまいます。「引き取ってくれるなら無料でもＯＫ」くらいの大きな気持ちで行いましょう。

「浄化生活」式・掃除の基本

　散らかった部屋を掃除してキレイにすると、気持ちがスッキリしたという経験はありませんか。汚れた窓ガラスをキレイに磨いたら、部屋に光がたっぷりと差し込んで、気持ち良く晴れやかに感じられたり、いらないものを処分して部屋の整理整頓をしていたら、イライラしていた気持ちがいつのまにか消えていたり。

これは、掃除の浄化作用による、気持ちの変化です。

運気を良くしていきたいなら、身のまわりをキレイに掃除することが大事です。つまり、掃除をきちんと行っていることが、家の中に良いエネルギーを呼び込むための最重要ポイントとなります。

掃除をしないで、家の中を高いエネルギーで満たそうと頑張っても、その努力は水の泡となることもありますので注意してください。

私たちが日々の生活でつくり出している様々なエネルギーは、埃のように家や部屋にもたまっていきます。問題なのは、クヨクヨしたり、悲しんだり、心配したり、腹を立てたりといった、ネガティブな状態からつくり出された邪気です。これが暮らす人の心に影響して、イライラやネガティブな感情を誘う原因となり、不運を引き寄せる種となってしまうのです。

こまめに掃除をして場をキレイにすると、こうした邪気を一掃することになり、浄化された気持ちの良い空間をつくることができます。できれば、掃除は毎日行うのが一番ですが、忙しい方は朝に窓を開けて風を通し、空気を入れ替えるだけでも違ってきます。家や部屋がキレイになるにつれ、心の中が清められたように軽くなっていきます。そんな感覚になれたら、あなたの運気はきっと向上していきます。

ではここからは、具体的に掃除のポイントを紹介していきましょう。

ここで役立つ豆知識

大掃除は年に二回

大掃除といえば年末のイメージですが、できれば年に二回は行いましょう。

神道では、六月と十二月の晦日に、心身の罪穢れを浄化する、大祓《おおはらえ》という祓い清めの行事があります。この行事と共に、家に蓄積した半年間の埃や汚れ、罪穢れの浄化として、大掃除は行われてきました。家の中にため込んだ不運の種を発芽させないためです。

本来なら浄化を目的とする大掃除は、年に一回では足りないのです。これからは、年に二回の大掃除を心がけましょう。

部屋をリフレッシュさせる方法

部屋はまず換気をしてから、ごみや埃を取り除くためにほうきや掃除機をかけ、拭き掃除でスッキリさせて、整理整頓をしていきましょう。このとき、家具の配置を変えたり、いつもとは違う雑貨を飾ってみることもおすすめです。リフレッシュ効果によって、そこに新しいエネルギーが流れはじめ、部屋の雰囲気も変わるはずです。

拭き掃除は水と天然塩で

水と天然塩は、もともとお清めの力、浄化の力をもった自然の恵みです。この二つを組み合わせて行う拭き掃除は、その相乗効果も得られます。拭き掃除をした場所がいつもよりスッキリするはずです。

使う水には、必ず天然塩を一つまみ入れておきましょう。

奥まった場所から入り口へ

掃除をするとき、あなたはどこからはじめますか？

一般的には玄関からだったり、最も目につくリビングなどからはじめる方が多いと思います。でも、本書で提案する掃除法は少し違います。

それは、奥まって目に見えにくい場所や、家の中で最も邪気がたまりやすい場所（トイレなど）から掃除をスタートし、最後に家中のすべての邪気を玄関から出すという方法です。

これが、浄化生活的掃除の流れです。

奥まった場所は各家で違いますから、窓を開けて空気を入れ替え、トイレなどの水まわりを先にキレイにし、最後は玄関へといった流れを基本に掃除を行ってみてください。

✳トイレはキレイに・明るく・香り良く

トイレは人の排泄物を水で流す場所ですから、家の中では最も邪気がこもりやすい場所です。汚れていたり、換気の悪い状態にあると、邪気が外に排出されず家中に影響してしまいます。

場の浄化によって運気の改善を図りたいなら、このような最も汚れる場所の掃除こそ、大きな効果を発揮しやすいのです。

トイレ掃除のポイントは、「キレイに、明るく、香り良く」です。

便器や床、壁はいつも清潔にすることはもちろん、窓や照明もキレイにしておくことを忘れてはいけません。明るい光はプラスのエネルギーを呼び込みます。そして換気はこまめに行って、邪気を外に出すことも必要です。窓がない場合は、換気扇をできるだけつけることを心がけていきましょう。その上で、良い香りを漂わせることで、エネルギーがアップしていきます。

洋式の場合は、使用後にフタを閉めておくと、邪気が広がるのを防ぐことができます。ぜひ、習慣にして欲しいことです。

水まわりの掃除は念入りに

水は家中の配管を巡っています。水まわりをキレイにすることは、家の中のエネルギーの巡りを良くし、浄化を促進することにつながります。

台所は食事をつくる場所。命や健康に直結する場所といえますね。ここが汚れていると、そこで生活する人々の健康に影響が及んでしまいます。毎日の汚れをキレイに落とし、常に清潔な場所にしておきましょう。

浴室や洗面所は、水と一緒に身体についた汚れや邪気などを洗い流す場所です。しかし、湿気などがこもりがちになるのでカビや汚れがたまりやすく、邪気が発生しやすい上に、ここが汚れていると邪気が十分に排出されていきません。常に清潔を心がけて換気を行い、気持ちの良い場にしておきましょう。

玄関はエネルギーを呼び込む場所

人が出入りする玄関はエネルギーの通り道です。家にたまった邪気を外に出し、また外からの良いエネルギーを呼び込む幸運の扉として、とても大切な場所といえます。いつも良いことが訪れるように、常に心をこめて整理整頓をし、キレイにしてください。

靴はきちんと下駄箱に入れ、出しておくのはいつも使う最低限の靴だけにしましょう。天然塩を一つまみ入れた水で雑巾をしぼり、玄関のドア、床、壁をキレイに拭き掃除をしましょう。

また、玄関の照明が埃をかぶっていると、暗く陰気なエネルギーを生み、良いエネルギーを遠ざけてしまいます。照明も水拭きして、明るい玄関をつくってください。

そして、玄関に生気のある生花を飾ると、より良いエネルギーが入ってきやすくなります。幸運の女神を美しい花で迎えましょう。切り花だけでなく生きた植物ももちろん自然のエネルギーを呼び込み、場を活性化するのでおすすめです。

ただし、空の花瓶などを飾っておくのは、少し前の「花瓶や壺は形状に注意」のページでも触れたように厳禁です。

収納部分の整理整頓

風水では収納と金銭は関係が深く、収納を乱雑にしていると、お金が貯まらないといわれているそうです。確かに、押し入れやクローゼット、引き出しなどの収納部分にものが乱雑に押し込められていたり、古いものや不要なものが整理されないまま入っていると、エネルギーの澱みを生み、運気を下げてしまいますので注意しましょう。

収納部分の中を整理し、不要なものを処分すると、中にエネルギーが循環しやすくなり、そこに収納されるものにもエネルギーが注がれていきます。心の中も整理されて、前向きな気持ちや、やる気がわいてきやすくなるでしょう。押し入れや引き出し、タンスなど、収納部分の整理を心がけましょう。

窓はいつも美しく

窓はエネルギーの通り道として、玄関に次いで大切なところです。

窓が美しく磨かれていると、部屋にはたくさんの光が射し込むと共に、気持ちが晴れるようなプラスのエネルギーが入ってきやすくなり、運気アップにつながります。窓が汚れたと思ったら、磨くようにしてください。サッシにたまった埃などもキレイにしましょう。

ここで役立つ豆知識

床の間はエネルギーの降りる場所

マンションやアパート、洋風建築の家が増え、日本家屋も少なくなっているので、最近は床の間のある家をなかなか見ることができなくなってきました。ですから、場の浄化の依頼で、床の間のある日本家屋に出会うと嬉しくなります。

なぜなら床の間は、家の中で最も良いエネルギーが降りてくる場所であり、昔から神聖な場所として考えられてきたスペースだからです。もし、あなたの家に床の間があるなら、ここを常にキレイにしておくと良いでしょう。

天然塩を一つまみ入れた水を使って、拭き掃除をするとなお良いですね。

そしてできれば、床の間には生花を飾ってください。そうすると、より良いエネルギーが降りてくるようになります。同じ花でもドライフラワーはNGです。生花以外のものを床の間に置くのも避けましょう。エネルギーが降りてくるときの邪魔になってしまいます。

運が良い方の家のたいていの床の間は、余計なものがなくいつも清潔で、生花がそっと飾られているものなのです。

盛り塩による空間浄化法

お清めといえば塩。これは多くの方がご存知のことだと思います。

昔から塩には高いエネルギーが備わっていることが知られており、穢れを祓うために用いられてきました。このパワーを利用して、簡単に場を浄化することができます。

このとき、食塩ではなく、必ず天然塩を使ってください。食塩は化学的につくられているので、ミネラルなどが壊され、本来の塩が持つエネルギーを失っています。よって、浄化の役には立ちません。一方の天然塩（自然塩）とは、海水を凝縮させた「海塩」や自然に結晶化された「岩塩」などのことをいいます。こうした天然塩には、栄養的にミネラル成分がバランス良く含まれているだけでなく、自然界の高いエネルギーが含まれているからです。

この天然塩を用いた手軽な浄化法が盛り塩です。

まずは、小皿に天然塩を盛り、玄関の左右に一つずつ、トイレの奥と手前に一つずつ、そして自宅の気になるところに十～二十カ所ぐらい置いてみましょう。

実は同じ家の中でも、良いエネルギーのある場所と悪いエネルギーのある場所があります。盛り塩を家の中にたくさん置くことで、家の中のエネルギーの良い場所、悪い場所を見分けることができます。

盛り塩を置いた十～二十カ所のうち、時間が経つと塩がすぐに変色したり、固まる場所があるはずです。そこが邪気を発生させている場所だといえます。置いた盛り塩が固まってしまったら、新しい塩に変えましょう。

古い塩は台所やトイレなどに流さずに、必ず紙に包んでゴミと一緒に捨ててください。邪気を吸った塩ですから、再利用は絶対にしないでください。

通常、盛り塩は二週間に一回、たとえば毎月一日と十五日というようなペースで交換すれば良いのですが、このようにしてエネルギーの悪い場所が確認できたら、その場所の盛り塩は、様子を見ながら頻繁に交換してください。次第に塩が固まったり色が変わったりするペースが遅くなっていくでしょう。他の場所と同じペースで交換できるようになれば、場のエネルギーが改善してきた兆しです。

よく四隅に塩を置いて部屋を浄化しているという人がいますが、それだけでは不十分だと私は考えています。

私のオフィスでは、塩の変化がわかりやすいように、イオウ成分を含んだヒマラヤの天然岩塩を盛り塩に使っています。この塩をエネルギーの悪い場に置くと、すぐに黒く変色したり、カチカチに固くなったりするのです。

この方法で、自宅の特定の部屋だけ盛り塩がすぐに変色してしまう、玄関の片側だけがすぐに黒く変色する、意外な場所の塩がすぐに固くなる……など、多くの方が自宅のエネルギーの悪い場所を把握されています。

悪い場所が分かるというのは、家の病状がわかるようなものです。すると、その場所を徹底的に掃除してキレイにし、盛り塩を頻繁に交換するという対処ができるので、家の浄化が進み、運気改善がスムーズになるというわけです。

ここで役立つ豆知識

洗濯のコツ

着ている衣類にも、汚れと共に私たちが日々の生活の中でつくり出したり、他人や場から受けた邪気などが付着しています。怒り、悲しみ、愚痴、文句、不平不満、恐れ、不安、心配……などのネガティブな思いが付着したままでは、気持ちも晴れず、不運を呼び込みやすくなります。洗濯は、衣類についた邪気を取り除くことができる、最も基本的でパワフルな浄化法です。

洗濯ものは、できるだけため込まないようにして、こまめに洗うことを心がけ、毎日清潔な衣類を着ましょう。また、睡眠中に様々なエネルギーを付着させている寝具類も同様です。可能な寝具は、定期的に洗濯すると良いでしょう。布団は晴れた日に天日に干し、風を通すことで、良いエネルギーが入り気持ち良く眠れるようにもなるでしょう。

続いて、場の浄化に深く関係するものにカーテンがあります。これもまた、定期的に洗濯すると良いでしょう。一見キレイに見えても、埃などが実は見た目以上に付いていて、かなり汚れているものです。明るく爽やかな部屋づくりのためにも、ぜひカーテンの洗濯を実践してください。

そのときに天然塩を一つまみ入れて洗濯すると、お清めになり、邪気が取れやすくなります。

最近は水の節約から、お風呂の残り湯を使う人が増えていますが、お風呂というのは、一日の疲れや汚れ、邪気などを洗い流す場。当然、残り湯には邪気が含まれていますので、そのお湯を使うとなると、洗濯ものに邪気が付いてしまうことになります。

どうしてもお風呂の残り湯を使いたいときは、やはり天然塩を一つまみ入れてから洗濯するようにしましょう。

水を使った空間浄化法

「過去の悪い出来事などを、すべてなかったことにする」という意味で、「水に流す」という言葉があります。この言葉は「穢れは川に流して清める」という、古くからの日本人の考え方から生まれているそうです。場の浄化にも、水は大いに

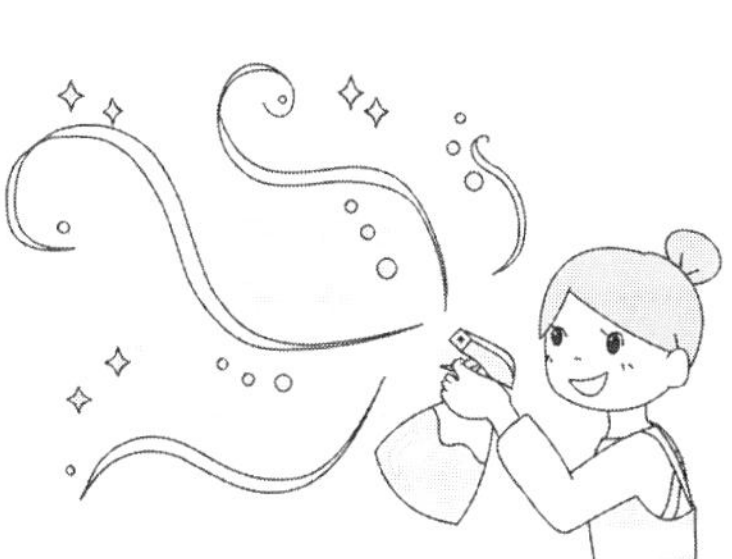

役立ちます。

水で空間を浄化する場合は、スプレーするという方法をとります。容器にキレイな水（浄水器を通した水、濾過《ろか》した水、蒸留水、市販のミネラル水など）を入れて空間にスプレーするだけです。これを基本にして、さらに浄化力を高める方法を紹介しましょう。

天然塩を入れる

スプレー容器にキレイな水を入れ、その中に一つまみ程度の天然塩（海塩や岩塩など）を入れて、空間にスプレーします。

この場合も食塩ではなく、必ず天然塩を使ってください。

水晶を入れる

スプレー容器にキレイな水を入れ、その中に水晶を入れて（水晶を入れておいた水をスプレー容器に入れても可）、空間にスプレーします。アクアマリンという水色の天然石も浄化に役立ちます。水晶の代わりにアクアマリンを入れたり、水晶とアクアマリンを一緒に水に入れて使うのもおすすめです。

ミネラル鉱石を入れる

スプレー容器にキレイな水を入れ、その中に天然のミネラル鉱石（市販されている自宅でミネラルウォーターをつくるための鉱石）を入れて、空間にスプレーします。ミネラル鉱石が持つ吸着の働きで水がキレイになり、ミネラルも増え、さらに鉱石が持つ地球太古のパワーが水に転写されます。

天然塩や水晶、ミネラル鉱石を入れた水の活用場面は、拭き掃除や空間の浄化時だけではありません。自分自身にスプレーすればオーラの浄化にもなり、運気アップにも役立つでしょう。

煙による空間浄化法

煙には優れた浄化力があります。古代から様々な宗教や儀式でも使われてきました。一般的に使われるのは、ホワイトセージやお香です。この場合、煙だけではなく、香りとのダブル効果で強い浄化力を発揮してくれます。

ハーブとして知られる「ホワイトセージ」を使った場の浄化方法を「スマッジング」といいます。ネイティブアメリカンが大切な儀式の前などに、場や人々の邪気を祓うために行っていた方法です。ホワイトセージの煙で、空間や人を浄化します。

スマッジングの方法

ホワイトセージはドライハーブを使用します。ホワイトセージの葉に火をつけ、炎を消してから耐熱性のある器に入れます。それを部屋の中心に置いて、ホワイトセージから出る煙で、部屋の隅々まで燻しながら浄化していきます。

このとき、必ず部屋の窓は開けて換気をしながら行いましょう。これは邪気が出ていくためにも必要なことです。風が強い日などは一度窓を閉め、煙が充分に行き渡ってから開けると良いでしょう。火を使うので十分に注意しながら行ってください。

お香の場合は、天然の素材でつくられたものを使いましょう。白檀、沈香、伽羅などがおすすめです。いずれも高貴でオリエンタルな香りを放ち、優れた効果を発揮します。

この場合も、できるだけ香りと煙を、部屋の隅々に行き渡らせるように広げていきましょう。そのために、空けた窓を一度閉めてもかまいません。そして煙と香りが行き渡ったあとに、窓を開けて換気しましょう。

日本の寺院などでは、大きな香炉でたくさんのお線香が焚かれているのを見かけます。これもまた、煙の働きを知っていた先人の知恵からの伝統です。

「この場所を浄化していただいてありがとうございます」と、感謝を捧げながら火をつけると、煙に感謝の波動（エネルギー）が乗り、浄化力が高まります。

天然ミネラル鉱石を用いた土地浄化法

これは、土地を所有されている方、一戸建てに住まわれている方、また家庭菜園やガーデニング、レンタル農場などをされている方が、土地を浄化したいときに使える方法です。効果が高いので、ぜひ実践してみて欲しいと思います。

農業や園芸などで使われる土壌改良剤の中には、天然のミネラル鉱石を粉末にしたものがあります。それらを含んだ土壌改良剤は、農地を改善して元気な作物を育てるだけではなく、土地の浄化とエネルギーの改善にも優れた効果を発揮します。

自宅の土地を浄化したい場合には、天然ミネラル鉱石の土壌改良剤を、家のまわりをぐるりと囲むように、庭や菜園、畑、レンタル農場などを浄化したいときには、全体に軽く（地面が雪化粧されるように）撒くことによって、土地が浄化されエネルギーが改善されていきます。土壌改良剤を撒いた上から、さらにキレイな水を撒くと、水と一緒に土壌改良剤の成分とエネルギーが土中に浸透し、浄化・活性化の効果が高まります。

自宅の住み心地が変わり、家族の雰囲気が良くなったり、優しくなったという体験をされる方もいらっしゃいます。私たちは、土地から常時立ち昇ってくるエネルギーの影響を受けて、毎日生活しているのだということを実感させられることでしょう。

土地の浄化という行為は、大地＝地球への感謝につながります。これは、自然の恵みと同調することにもなり、運気改善や豊かさの創造をもたらしてくれます。住まわせていただいている土地に対して、感謝の気持ちを捧げながら、土壌改良剤や水を撒くと良いでしょう。

第３章

実践②～場のエネルギーアップ

場の邪気をある程度浄化できたら、次はエネルギーを高めていきましょう。「場の浄化」の次は「場のエネルギーアップ」です。

浄化をせず、その場のエネルギーを高めようとしても、期待するほどの効果は得られません。遮るものがある場所に、いくら美しい光を注ごうとしても光は届きませんが、遮っていたものを取り除くと、美しい光はたくさん注がれるようになります。それと同じことです。

この章では、植物や音や鉱物などといった、主に自然の力を利用して、自分で簡単にできるものからプロによる手法まで、場のエネルギーアップができる様々な方法を紹介していきます。

お好みの方法を探して、実践してみてください。

自然の息吹を運んでくれる植物

自然といえば、やはり植物ですね。暮らしの中に自然の息吹を取り入れるには、一般的に植物を利用するのが最も簡単で効果のある方法ですが、〝浄化生活〟においてもそれは同じです。部屋に置く植物は、育てるのが比較的簡単な観葉植物やハーブがおすすめです。

酸素と共に生命エネルギーを放射する生きた植物は、ただ置くだけでも自然界の息吹を運び、その場の空気の質を変えてくれます。

また植物には、邪気を吸い取ってくれる働きがあります。きちんと世話をしていても枯れてしまう場合は、場に邪気がたまっていることが考えられますので、一緒に「盛り塩」を置いてみましょう。逆に、盛り塩がすぐに変色したり固くなってしまう場所に植物を置くのも効果的です。最初のうちはすぐに枯れてしまうかもしれませんが、何度か繰り返し置いていくうちに改善していくはずです。枯れた植物を捨てるときは、感謝しながら捨てるようにしてください。

おすすめの植物&ハーブ

●パキラ

手を広げたような葉が印象的で、陽気な雰囲気を持つ人気の観葉植物。南国の楽園をイメージさせるパキラは、ハッピーな場をつくるのに最適ですので、リビングに飾るのがおすすめです。無邪気さや喜びをもたらしてくれます。小さなパキラをデスクの上に飾れば、仕事や勉強も楽しくできそうです。

●ガジュマル

沖縄では、キジムナーという精霊が宿り、幸運を運んでくる木だといわれています。多幸の木とも呼ばれ、お祝いに贈る植物としても人気です。小さなガジュマルは、それ自体がまるで精霊のような雰囲気を持っています。今にも動き出しそうな姿が可愛らしく、身近に置くと、まるで精霊と一緒にいるような気分になります。生命力が強いガジュマルは、心身にパワーを与えてくれるでしょう。

アイビー

「友情」や「永遠の愛」を意味するアイビーは、友情運・恋愛運アップのためや結婚のお祝いに贈られることの多い観葉植物です。育てやすく、種類も豊富なので、自分のお気に入りを探してみるのも楽しいでしょう。アイビーが元気に生い茂った家には幸運がやってくるといわれています。玄関、リビング、トイレ、ベランダなどに飾ると良いでしょう。

アレカヤシ

まるで風が吹いているかのように、サラサラと優雅に伸びた葉が、爽やかな雰囲気を運んでくれます。流れるような葉が、物事をスムーズに運ぶエネルギーをつくり出してくれるので、コミュニケーションを図る場などに飾ると良いでしょう。熱帯の雰囲気を醸し出す姿と鮮やかな明るいグリーンが、気分を軽くしてくれます。

ユッカ

未来へと向かって力強く元気に伸びゆく若者にたとえて、「青年の木」ともいわれています。育てやすさとワイルドな雰囲気が特徴です。若々しさと元気をもたらしてくれます。どこに飾っても良いのですが、明日への活力を充電する寝室に飾るのが一番のおすすめです。寒さや乾燥にも強く、横に葉が広がりにくいので、狭いスペースでも無理なく育てることができるでしょう。

ポトス

ハート型の葉っぱが可愛らしいポトスは、部屋に潤い感を与えてくれる観葉植物です。葉が付いた枝を切って水に差しておくだけで、どんどん根が生え成長していく生命力の強さが、まわりに元気を与えてくれるでしょう。強くて育てやすいのも特徴。バスルームやトイレ、キッチンや洗面所など、水まわりに置くのもおすすめです。

ジャスミン

ジャスミンの香りは、持って生まれた才能を開花させる手助けをしたり、憂鬱な気分を明るくしてくれるといわれています。幾つか種類があり、それぞれ時期が異なりますが、開花の頃にはぜひ飾ってみてください。濃厚なジャスミンの香りが楽しめます。明るい気分と共に自分の才能を輝かせましょう。沖縄で飲まれている「さんぴん茶」というのは、ジャスミン茶のことです。沖縄の方に、おおらかで豊かな才能を表現する人が多い理由のひとつには、このジャスミンの力も含まれているのかもしれませんね。

アロエ

生命力アップや健康運アップに役立ちます。アロエが過酷な環境でも育つ強い生命力を持ち、美容や健康に役立つことは、多くの方が知っていると思いますが、そうした働きが場にも作用します。アロエにはトゲがありますが、これは基本的に外敵から身を守るためのものです。庭やベランダに置いて、邪気祓いに活用すると良いでしょう。ただし、玄関に置くのはおすすめしません。玄関は良いものを歓迎する場所です。そうした場所にはアロエなどではなく、トゲのない季節ごとのキレイな生花を飾るようにしましょう。

ラベンダー

心身をリラックスさせるのにおすすめです。ラベンダーの紫は、色彩心理学でも感情の鎮静化、心の浄化、リラックスなどの、カラーセラピー効果があるといわれています。一面に広がるラベンダー畑の景色を見ているうちに、精神的な落ち込みから立ち直ることができたというケースもあると聞きます。リビングや寝室に飾ると良いでしょう。

ミント

リフレッシュに最適です。スッキリとした爽やかな香りは、気分転換や集中力の向上にも役立ちます。ヨーロッパでは、豊かさや幸運を呼ぶともいわれ、人気の開運ハーブだそうです。器に張った水にミントの葉を数枚浮かべれば、浄化力もアップします。好きな場所に飾ると良いでしょう。

ローズマリー

活性化させるエネルギーをもたらしてくれるので、元気を出したり、運気をアップさせたい場合などに良いでしょう。リビング、またはベランダに鉢植えを置き、必要に応じて枝を様々な場所に飾るという使い方もできます。特に、脳の働きを活性化し、やる気を高めてくれる働きをもったハーブなので、仕事部屋やお子さんの勉強部屋などに飾ってみてはいかがでしょうか。デスクの上に置けば、集中力も高まり、能率もアップすることでしょう。

麻の力を取り入れる

麻は自然素材の中でもエネルギーが高く、邪気を祓い清める働きがある神聖なものとして知られています。神道の世界では、神社でお祓いに使われる御幣《おおぬさ》や、注連縄《しめなわ》、神殿に吊るされている鈴の縄、巫女さんの髪紐などに麻が用いられており、古くから位の高い人が着衣として用いてきた素材でもありました。伊勢神宮のお札のことを「神宮大麻」といいますが、昔は大麻草からお札がつくられていたそうです。

今でも、結界をつくる紐には、麻紐が使われているのですが、これは私たちの生活の場にも活用することができます。麻紐を四方の壁にぐるりと張りめぐらせて囲むようにすると、悪いエネルギーから部屋を守ることができるでしょう。玄関やリビングのマット、ソファやテーブルカバーなども麻製にすると、場のエネルギーアップに効果的です。

竹炭の力を取り入れる

木や竹からつくられる炭には、浄水や消臭などの作用があることが広く知られていますが、中でも、備長炭の三〜五倍のパワーを発揮するといわれる竹炭は、「浄化」と「エネルギーアップ」に非常に適したアイテムです。

竹炭は多孔質で（無数の細かい孔が開いている状態のこと）、空気中の水分や臭い成分をその孔に吸着させることで、湿度調整や消臭効果を発揮します。たとえば、湿度の高いときには空気中の水分を吸着させ、湿度の低い乾燥した空気になると、その水分を放出してくれるのです。半月に一回煮沸して天日干しすれば効果が回復するため、一般的に二〜三カ月は使えます。ただし、場の浄化とエネルギーアップを目的として使うのならば、一カ月ごとの交換が理想です。使用済みの竹炭は、土に返すと土壌改良剤としても働いてくれます。

また、炭には電子を集めるという優れた働きがあります。人体の老化、飲食物の腐敗、金属のサビなどは電子を失うことから起こりますが、逆に考えれば、電子を与えることによって、そうした酸化を抑えることが可能になるわけです。これを還元といい、竹炭を部屋に置くことで、この還元作用を持った電子が集まる場がつくられ、その場にある人や動植物、ものなどが元気になっていきます。寝室に竹炭を置けば、一日の疲れをとって活力を養うための最適な癒しの場になるでしょう。元気回復や若々しさの維持に、竹炭のある寝室はおすすめです。

竹炭をもっと日常で使いこなしたいという人向けには、不織布に竹炭を練り込んだ竹炭シート*という便利な製品も今はあります。カーペットや布団の下に敷いたり、好きなサイズにカットして下駄箱や押入れ、タンス、引き出しなどの様々な場所にも使うことができます。使い方次第で、あらゆる場所を浄化&エネルギーアップできる製品です。

場を活性化させる高周波音

高周波音とは人間の耳には聞こえない、とても高い音のことです。

癒しと活性化の作用があるとされ、それを聞いてリラックスした人の心身にも良い影響を与えていきます。

クラシック音楽

音楽は毎日の生活になくてはならないものと感じている方は多いと思います。

ショップやサロン、公共の場の雰囲気づくりにも、音楽は欠かせないものとなっています。

その場に流す音楽によって場の雰囲気が変わるのは、エネルギーが変わったということ。場のエネルギーアップという点でも、音楽はとても有効です。

モーツァルトの音楽は、そのメロディーはもとより、演奏構成の素晴らしさから多くの人々に好まれていますが、実際に良い波動をつくり出している音楽といえます。

一時期、モーツァルトの音楽を聴かせると、牛乳が美味しくなったり、植物が元気になったなどと話題になったことがありましたね。また、脳が活性化して学習能率が上がるといった研究データも出されました。

こうしたケースについては賛否両論あるのですが、モーツァルトの音楽には高周波音が多く含まれているためではないかともいわれています。他の作曲家による音楽に比べ、モーツァルトの音楽は波動が良い、仕事や勉強の能率が上がると感じる方は多いようです。

しかし、モーツァルトの音楽だけが高周波音を含んでいるわけではありません。なぜなら、高周波音をつくり出しているのは楽器であり、それらを使って演奏されているクラシック音楽全般にいえることだと思われます。

特に交響曲では、あらゆる楽器が使われるため、それぞれの楽器が持つ響きと音の波動が組み合わさって、よりエネルギーが強力になります。

ここからは、楽器それぞれの特徴を紹介していきましょう。

●弦楽器：バイオリンなど

空気やエネルギーの流れを整え、エネルギーの循環を良くしてくれます。

●金管楽器：トランペットなど

場をパッと明るいものに変え、陽気でポジティブな空間にしてくれます。

●弦鳴楽器：ハープなど

雰囲気を軽くし、心身のバランス調整にも役立ちます。自然の中にいるような心地良さを演出するのにもぴったりです。

●木管楽器：フルートやクラリネットなど

ゆったりとした寛ぎ感をつくり出し、センタリング（自分の中心に意識が戻ることで、本来の自分自身につながること）作用があります。

●鍵盤楽器：ピアノなど

心に本来の純粋性を取り戻させる響きがあります。部屋の雰囲気を角が取れた丸みのある心地良い波動に変えていきます。

このように、クラシック音楽とそこで使用される数々の楽器には、目的に合わせて場のエネルギーを高めながら、波動を調整する力があります。自分の気分や目的に応じて、弦楽四重奏やピアノソロ演奏など、様々な演奏形式のクラシック音楽を部屋に流してみると良いでしょう。

自然音

川のせせらぎの音や波の音、イルカの鳴き声、鳥のさえずり、虫の声、木々のざわめきなどの自然界の音も、場のエネルギーを活性化して高めてくれます。

森、海、川などから生まれる音は、日常生活にはない高周波音を非常に多く含んでいるからです。

また、自然界がもたらす音には「1／fゆらぎ」という独特のリズムも含まれています。これは、人が特別に心地良いと感じるもので、このリズムが存在する環境にいるだけで、心身が癒されるといわれています。

自然音を収録したメディアを使って、良いエネルギーに満ちた寛ぎの場づくりに活用しましょう。本物の自然音には劣りますが、場づくりには十分な高周波音や１／ｆゆらぎが得られます。

太陽のようなエネルギーを持つアンバー

数千万年前の松や杉の樹液が化石化したものが、アンバー（琥珀）です。古代の生命力の強い樹木のエネルギーを内包したこの鉱物には、太陽のような黄金色のエネルギーが満ちあふれています。

アンバーで部屋を囲むことで、古代の樹木が持つ強いエネルギーを体感できます。石自体に強力な力があるために、通常のパワーストーンよりも、マイナスのエネルギーの影響を受けにくくなるという特徴があります。また、電磁波の軽減にも役立つといわれています。

部屋の四隅や気になる所に置いたり、麻布を適当なサイズにカットして、その上にアンバーを置くとさらにエネルギーが高まります。

家の神様に感謝する

日本には、すべてのものには神が宿るという「八百万《やおよろず》の神」の考え方が古くからあります。つまり、山・川・草・木という自然物や、火・水・雨という自然現象、そして動物や人、ものにまで神様が宿っているという考え方です。

もちろん家の中にも神様がいて、その神様に日々感謝して暮らすことで、家内安全と家族の健康を守ってもらえると信じられてきました。今でも、玄関や台所にお札を貼って、家の中の神様を尊ぶ風習を守り続けているところがあります。

私たちが生活する場にも、トイレにはトイレの神様、台所には火（竈《かまど》）の神様、水の神様がいます。それぞれの神様を意識してキレイに掃除をし、毎日感謝を捧げることで、家の中は生き生きとしたエネルギーで満たされるようになっていきます。

特に感謝の言葉というものには、プラスのエネルギーが入っています。家の神様に対して、「ありがとうございます」と声にして発すると、言葉に宿る「言霊」パワーも加わり、その場のエネルギーがよりアップしていきます。ですから、感謝を捧げるときは心中で唱えるよりも、できるだけ声に出して発すると良いでしょう。口先だけではなく、心を込めるところがポイントです。

一戸建て、マンション、アパートなど、どんな建物にも家の神様は宿っています。雨風などから身を守り、毎日を快適に過ごさせてくれる家の神様に、心を込めた感謝の言葉を毎日捧げてみませんか。継続することで、家の中に良いエネルギーが広がっていくはずです。

自宅のどこからはじめても構いません。「毎日家族を守ってくださってありがとうございます。今日も使わせていただきます」など、自分なりの感謝の言葉を口に出して、神様に伝えていくことを習慣にしましょう。玄関、トイレ、キッチン、浴室など、一通り行うと良いでしょう。

また、毎日外から帰宅したら、誰もいなくても家に向って「ただいま」と声をかけ、「留守の間、家を守ってくれてありがとう」などと感謝の言葉を捧げるようにしてみましょう。

専用アイテムで自宅の運気を上げる

専用に開発されたアイテムを使ってエネルギーを調整する方法もあります。

身近なものを使った方法より、大幅な改善が期待できます。

場の浄化と場のエネルギーアップのためにつくられた＊特別なセラミックやオブジェを使うことで、パワフルに効率良く、そして何よりも手軽に、自宅を神聖な場に生まれ変わらせることができます。

プロによるエネルギーアップ法～地場修正

私は、これまでに、全国五百カ所以上の場所で、邪気で弱ってしまった生活環境を浄化し、エネルギーアップさせ、良いエネルギーが生まれる場づくりをしてきました。そして、その傍ら、居心地が良く幸せになれる生活環境をつくるための最適な手法について検討し、長年にわたり試行錯誤を続けてきたのです。そうして、ようやく確立した方法を、「地場修正*（地場＝場のエネルギー、修正＝浄化とエネルギーアップ）」と名付けました。

これは、土地の浄化として通常行われる、炭を埋めるだけの炭埋法とはまったく異なる独自の手法です。様々な場の問題と向き合ってきた過程の中で、炭を埋めるだけの方法では土地全体のエネルギーを高めることが難しいこと、天然の湧き水のようなエネルギーの高い水や良いエネルギーを発生させる仕組みをつくる必要があること、マンションやアパートの場合には、土地ではなく場を修正する方法が求められること、などがわかりました。

　エネルギーの良い場所の代表といえば聖地でしょう。

　聖地といわれる場所には、キレイな水が湧いていることが多いものです。清浄な水は、地下を流れることで土地を浄化し、蒸発することで空気を浄化し、良いエネルギーに満ちた場をつくり出す役割を担っています。このような聖地の水の役割に私たちがヒントを見出し製作したのが活水器*です。活水器を取り入れれば、家を聖地のような清々しい場にすることが可能になります。

　実際には、元の配管に活水器を設置して、家中をエネルギーの高い活性水が流れるようにし、キッチン、トイレ、お風呂、洗面所など、家のすべての蛇口からその水が出るようにします。そうすることによって、水から清浄なエネルギーが放射されるようになり、家という場が浄化・活性化されていくのです。

さらに、独自のエネルギー発生装置を開発し、活水器と共に導入することで、良いエネルギーが絶え間なく放出される場に修正していく本格的な方法も生み出しました。

活水器やエネルギー発生装置の導入にはプロの手による工事が必要になり、費用もかかりますが、アイテムなどを用いて自分で簡単に行う浄化やエネルギーアップ以上の効果が望めるでしょう。根本から場を修正したいとき、深刻な問題や悩みを改善したいとき、エネルギーの高い状態のまま場を維持したいときなどは、こうしたプロの技術があるということを思い出して欲しいと思います。

地場修正の実践によって私は、土地や場のエネルギーが、そこに住む人や植物、動物などの生命体に影響を与え、その成長や健康、運命までをも左右するという、たくさんのケースを目にしてきました。

土地や場のエネルギーが悪いと意識が低下し、健康や運勢を好転させていくのもなかなか難しくなってしまうのですが、浄化して良いエネルギーが高まるようになると、自然に心身も癒され、そこに住む人も努力して意識を高めていくようになっていきます。そうした人々の運が次第に良くなっていくのは、まったくもって自然なことなのではないでしょうか。

＊「竹炭シート」「特別なセラミックやオブジェ」「活水器」といった紹介中の製品や、「地場修正」の詳細などに関しては、巻末掲載の株式会社地場エネルギーまでお問い合わせください。

第4章

実践③〜幸運体質のつくり方

私たち人間はエネルギー（気）を持った存在です。

では、エネルギーの高い人、エネルギーの低い人では、一体何が違うのでしょうか。それは、物事に対する考え方によって変わってくるのではないかと私は考えています。つまり、前者は感謝の心や思いやりがあり、明るくポジティブな思考ができる人、後者は自己中心的な思考で、不平不満の多い人、怒りや不安を持っている人なのではないでしょうか。

自分が低いエネルギーを発していることに気付いたなら、あたたかい気持ちで行動できるように心がけていくことで、そのエネルギーを高いものに変えていくこともできるはずです。しかし、エネルギーの悪い場で生活していたなら、自分の努力だけではかなり難しいことになってきます。ですから、まずは場の浄化とエネルギーアップの大切さをこれまで説明してきました。そこから先は、心身に付いた悪いエネルギーを意識的に浄化することを心がけ、愛のある気持ちで行動できるように努力していくことで、幸運体質に近付くことができるようになるでしょう。この章では、幸運を手に入れるための体質づくりについて解説していきたいと思います。

幸運を引き寄せる飲料&食料とは?

私たち人間は飲まず食わずで生きていくことはできません。よって、普通に暮らしている限り、日々何かしら口にする生活を送っているわけですが、それらの食べもの・飲みものにはエネルギーが宿っており、私たちの身体だけではなく、精神にも大きな影響を与えています。

波動の低いものばかりを摂取し続けていると、身体がだるくなったり、不調をきたしやすくなるだけでなく、イライラしてキレやすくなったり、気力が出ない、無感動……というような状態をつくり出しやすくなります

逆に波動の高いものをとるよう常日頃心がけているならば、健康的になるだけでなく、頭は冴え、心は穏やかに澄んだ状態になっていき、前向きな考え方がで

きるようになっていきます。そうすると、目の前にある幸運にも気付きやすくなり、幸運も呼び込みやすくなるでしょう。前向きな精神状態は、それだけでも十分な幸運体質といえますね。

ですから、自分が飲食するものに関心を向けていくことは大事です。飲食物にもエネルギーがあり、それが自分の身体、心、そして人生にも影響を及ぼしていることを知っておきましょう。

飲料

様々な飲みものの中でも、水の良し悪しに注意を払うのは非常に大切なことです。人体のほとんどは水分でできています。一説によると、人体の七十％が水分でできているとされています。どのような水を摂取するかは、どのような身体をつくるかにダイレクトに影響してくるのです。

悪い水を摂取していれば、不運を引き寄せる原因になりますし、キレイな良い水、つまり波動の高い水を飲むことは、幸運を引き寄せる体質をつくることに役立ちます。

毎日飲む水に気を使っていきましょう。キレイな水を飲んでキレイな身体をつくることは基本であり、これから説明する他の心身の浄化法の効果も得やすくなります。

市販のミネラル水を購入するのも良いですが、余裕があるなら、自宅の蛇口に浄水器を取り付けたり、濾過《ろか》器を常備するなどの工夫もしましょう。今は優れたものが販売されていますし、そうすれば水道水も安全で美味しい水になります。

天然ミネラル鉱石があれば、わざわざペットボトル入りの水を買わなくても、自宅の水道水をキレイにして、ミネラルたっぷりの美味しい水をつくって飲むことができます。しかも、鉱石には地球太古のパワーも蓄積されていますから、毎日飲むことで、身体を浄化し活性化させるのに役立っていきます。

✳食料

●波動の低い食べもの

波動の低い食べものには、たとえば次のようなものが挙げられます。

○添加物が含まれるもの、農薬を使った野菜や果物、大量生産される食品

ファストフードやコンビニ弁当など大量生産される食品には、調理時に添加物が使われていることが多いものです。食べものに含まれる添加物や農薬などは、体内に蓄積されて、私たちの身体や精神面に影響していきます。

○白砂糖を多く含む食品

白砂糖には身体を冷やす性質がありますから、甘いものを多くとる人は冷え性になりやすく、冷え性から身体の不調が出やすくなります。ネガティブな

心や根気のない状態になりやすいようです。

○肉料理

食べ過ぎると、コレステロールが高くなるのはもちろんですが、攻撃的で直情的な性格がつくられていくようです。過度の感情の激しさは、幸運を遠ざけます。しかし、肉類を食べることを禁じているのではありません。何事にもバランスは大事だということを覚えておいてください。肉料理が好きな方は、特に注意しましょう。

○インスタント食品

まさに生命エネルギーの低い食品といえます。こうしたものを多く食べていると、常に身体はだるく、イライラしてキレやすく、生きる喜びを得られない心の状態になりやすい傾向があります。

●波動の高い食べもの

波動の高い食べものには、たとえば次のようなものが挙げられます。

○良い土壌で有機栽培された食材、旬の野菜や果物など

良い土には、微量のミネラルと微生物がバランス良く含まれています。こうした土と太陽の光、良い水で育まれた新鮮な野菜や果物は、栄養価が高くて美味しいだけでなく、生命エネルギーにあふれた波動の高い食品です。旬の食べものも同じです。これらの食材を食べることで、人は自分のエネルギーを高めていくことができます。

○心を込めてつくられた手料理

思いはエネルギーそのものですから、愛情や思いを込めてつくられた料理には、あたたかいエネルギーが注がれています。そうした料理は食べる人を癒

し、生きる力をもたらしてくれます。料理をするときは、栄養のバランスに気を配りながら、心を込めてつくりましょう。

料理に使用する調味料（塩、味噌、醤油など）は、できることなら添加物が含まれていないものをおすすめします。昔ながらの製法でじっくりと時間をかけてつくられた調味料はエネルギーが高く、料理のエネルギーもそれに比例していきます。味噌や醤油は天然醸造のものを、塩は食塩よりも天然塩（自然塩）が良いでしょう。

そして、食べるときには感謝をしながらいただきましょう。そうした気持ちで食事をすることでも、エネルギーの高い幸運体質はつくられていきます。

運動で血と気を巡らせる

健康な幸運体質をつくるには、血と気の巡りを良くすることが大事です。そのために必要なのが、適度な運動と正しい姿勢です。それらは代謝を良くし、血液と気の循環をスムーズにしてくれます。

ウォーキング

できるだけ腕を前後に大きく振って、少し大股で歩きましょう。手を振ることで肩甲骨がほど良く動き、背骨まわりにある筋肉もほぐれて緊張も解けていきます。また、大股で歩くと骨盤が動いて調整され、次第に姿勢も良くなっていき、ダイエットにもつながります。歩くのも楽になっていくでしょう。そうなってくればしめたもの。身体が良い具合にほぐれ、姿勢が整ってきた証拠です。

姿勢が良くなると、リラックスしやすくなるという効果があります。立った状態でも座った状態でも良いので、姿勢を整えたら全身の力をふっと抜いてみてください。腕や足が軽くなったかのように感じたり、身体の中心軸がしっかりするので安定感も得られるようになっているはずです。これが真のリラックスです。

そうした状態になると、心も穏やかになり、気持ちが安らいでいきます。すると、日常生活も安定した気持ちで送ることができるようになるので、運気も変わっていくでしょう。

腕ふり

腕ふりは、ウォーキングができないときに行って欲しい簡単な体操です。

足を肩幅と同じくらい開いて立ち、両腕を揃えて前後に振り子のように大きく振ります。腕を振り上げるときは肩の高さくらいが目安です。力を抜いて、ブラブラと腕の重みで自然に前後に振るようにします。

この運動は、太極拳や気功などでは「スワイショウ」といい、準備体操としてよく行われているものです。腕を大きく振ることで邪気を祓い、身体の気血《けけつ》の流れを良くすることができるとされてきました。

こうして腕ふりをするだけでも、肩や肩甲骨の筋肉がほぐれて気持ち良くなります。身体の心地良さというのもまた、幸運体質には必要な条件のひとつなのです。

首まわし

首は、頭と胴体、脳と心、思考と感情のラインをつなぐ大事なポイントです。

首にコリや痛み、違和感があると、このラインがうまくつながらず、心身が連動しない状態に陥るでしょう。脳からの信号も全身に伝わりにくくなってしまいます。そうなると、たとえば、自分の考えと行動が一致しなくなってしまうので、そんな兆候を感じたら、呼吸に合わせて、ゆっくりと首をまわしてほぐし、首まわりの柔軟性を保つことが大事です。

まずは、左にまわしてみましょう。吸う息に合わせてゆっくりと首を後ろまでまわし、吐く息に合わせて前に戻します。次は右に同様にまわしていきます。これを何度か繰り返してみてください。

やり過ぎは禁物です。無理のない範囲で、首がほぐれた感じがするまで、やってみましょう。

朝日を浴びる

太陽の光はとてもパワフルですが、中でも朝日には優れた浄化・活性化のパワーが宿っています。

朝日を全身に浴びながら、自分の心地良いリズムで深呼吸をしましょう。

吸う息と共に朝日の光が体内に流れ込み、吐く息と同時に全身に広がっていくとイメージすると良いでしょう。

また、疲れがたまっているときには、浄化の光を吸い込み、吐く息と同時に、全身の疲れが出ていくのをイメージするのも良いでしょう。

朝日をしっかりと浴びることによって体内時計も整うので、心身のバランス調

整にも役立ちます。気力は充実、精神も安定、うつうつとした気分にもなりにくくなります。

目を閉じて朝日を浴び、エネルギーを感じましょう。

帰宅後は外気に触れた部分の洗浄を

外から帰宅したらまず手を洗いましょう。次に洗顔をして、最後にうがいをしましょう。

衣服で覆われた身体とは違い、顔や手は常に外気に触れています。外気は排気ガスや埃などで汚れており、手は電車の吊り革や階段の手すり、トイレの蛇口など、公共のものに触れることが多く、顔には他人から投げかけられた視線といった見えないエネルギーがたくさん付着します。

こうして顔や手足に付いた邪気は、帰宅直後に必ず洗うようにすることで、簡単に取り除くことができます。

うがいも大事です。口は外気を吸い込みますから、帰宅したら手洗い、洗顔の後に、必ずうがいをしましょう。

目や鼻も隅々まで洗いたいところですが、これは難しいので、身体が持っている自然排出の働きに任せて、涙や鼻水などで排出してもらいましょう。

女性は足を出すファッションが多いものです。特に夏場は、女性だけでなく、男性も足を出すことが多くなります。足を外気に長く触れさせた日は、帰宅後に軽く洗うようにしてください。

「後でシャワーを浴びるから」「お風呂に入るから」と面倒がらず、帰宅したらすぐに行うことです。そうでなければ、外から持ち帰った邪気を自宅のいろいろな所に付着させてしまうことになり、幸運体質をつくる妨げにもなってきますから注意しましょう。

その後、ゆっくりとお風呂やシャワーで、邪気と疲れを取り除いてください。髪も念入りにシャンプーをしてキレイにします。面倒なときは、お湯で軽く洗い流すだけでも良いでしょう。

癒しのひとときをもたらす入浴やシャワー

デトックスもできる塩風呂

「疲れたな」と思ったときにお風呂に入ると、気分がスッキリして身体も楽になるものです。それは、身体の邪気や疲れを、水がキレイに洗い流してくれるから。毎日の入浴は、フレッシュなパワーが生まれやすい幸運体質をつくります。

強力に心身を浄化したいときのおすすめは、天然塩を使った入浴です。

お風呂に天然塩を入れることによって、心身のデトックスができます。また、天然塩に含まれた豊富なミネラル成分が、肌をスベスベにしてくれるので、美容効果も期待できます。

特に疲れがひどいときや心が苦しいときなどは、肌を傷つけないように天然塩で身体を優しくマッサージすると良いでしょう。

海に入ったときのような爽快感を味わいたいなら、天然の「海塩」をお風呂に入れてみてください。日本産なら沖縄の海塩がおすすめです。温泉気分を味わいたければ、「岩塩」が最適です。特にイオウ成分が入っているヒマラヤ産の天然岩塩などは人気もあります。お気に入りの天然塩を見つけて、お風呂タイムを浄化と癒しのひとときにして楽しんでみてください。

入浴前には、常温の水を一杯飲んでおくと汗をかきやすく、心と身体の老廃物が出やすくなるでしょう。

石けんやシャンプーにこだわってみる

入浴やシャワーといった絶好の癒しタイムには、身体や髪を洗う石けんやシャンプーも、自然素材のものにこだわりたいところ。

添加物が多く含まれているものではなく、無香料、無着色、無添加などの表示がある製品を選ぶと良いでしょう。また天然のミネラル鉱石を使ったものは、浄化力に優れています。ぜひ探してみてください。

静かに火を見つめる時間を持つ

時代劇の一幕、岡っ引きが捕物に出かけるシーンなどで、カチカチと切り火（火打石で火を起こすこと）を切ってから「いってらっしゃい」と主人を送り出す光景を目にしたことはありませんか？

昔から火には、厄除けの力があると信じられてきました。「無事に帰ってきますように」という思いを込めて、火打石を打ち合わせていたのでしょう。

今の時代に置き換えるなら、この火打石の役割を果たすのはロウソクの灯火が

ぴったりだと思います。

ロウソクは古くから邪気を祓うものとして、神社やお寺、教会などで儀式に使われてきました。同じように部屋でロウソクを灯せば、その場を浄化してくれます。敏感な人は、ロウソクを灯すことで、場と自分のエネルギーが変わりはじめるのがわかるといいます。

ロウソクの火を見つめながら、心の中のモヤモヤ、ネガティブな感情なども、一緒に焼き尽くされていく様をイメージしてみましょう。リラックスして行ってください。時間は五〜十分くらいで構いません。

様々なタイプのロウソクがありますから、自分の好みのものを選んでください。くれぐれも火の扱いには注意しましょう。

麻の力で身を守る

第3章でも紹介したように、麻には神聖な力があります。天然素材の麻製の布を使った衣服や寝具は、幸運体質づくりに一役買ってくれます。シーツ、布団カバー、枕カバーなどを麻製にしてみてはどうでしょうか。寝ている間に心身の浄化と調整が行われ、朝起きたときの疲れの回復度が変わっているでしょう。

麻は他人や環境による悪影響からの防御にも役立ちます。人や場の影響を受けやすいという方は、麻製の衣服の着用やストールやマフラー、麻紐でつくったブレスレットやアンクレットなどを身に着けることをおすすめします。

また、電磁波に対する力も備えているとされているので、ＰＣなどを使った作業をするときに、麻に触れながら行うと、目や身体が疲れにくくなるそうです。

麻布を敷いた上にパソコンを置いたりするのも良いでしょう。

加えて、クリスタルなどの天然石の波動を高めてくれる素材としても麻は有名です。天然石をくるんでおいたり、麻布の上に置いたりするなど、様々な活用法があります。

自身を内側から変える香りの力

3章にも出てきた植物の話と関連しますが、ここでは特にその香りに注目したいと思います。香りには様々な効果があることがわかっています。ジャスミン、ローズ、ネロリなどの香りをかぐと覚醒《リフレッシュ》し、ベルガモット、ラベンダー、カモミールなどの香りをかぐと鎮静《リラックス》することなどは、人の脳波の測定実験などで明らかになっているそうです。香りは脳に直接働きかけ、望む自分を演出するのに最適なアイテムだともいえるでしょう。こうした香りの力を日常生活に取り入れるのに便利なのが、アロマオイル（精油）です。

自然界で育った植物の葉や花、樹皮などから抽出した有効成分が含まれるアロマオイルは、植物の香りと薬理作用で心身の状態を良い方向に変えられると人気です。

心身の浄化と幸運体質づくりに役立つアロマオイルとしては、ジュニパー、ローズマリー、セージ、シダーウッド、フランキンセンス、サンダルウッドなどが扱いやすいでしょう。

ハンカチやティッシュなどにオイルを数滴たらし、香りが心身を浄化していくのを感じながら、ゆっくりと深呼吸して香りをかいでみてください。

水と香りをミスト（霧）状にして拡散させるディフューザーなどを使って、香りを浴びるのもおすすめです。香りのミストが部屋中に広がるので、場も空気もキレイになります。

思いやる心がつくる美しい身のこなし

男性でも女性でも、身のこなしが美しい人は、良い雰囲気を放っているものです。それは、周囲の人に心地良さや幸福感を与えます。

日本には、「躾」という言葉があります。「身」を「美しくする」と書くこの言葉は、相手に迷惑をかけない、不快感を与えないためのマナーや言葉遣いを身に付けることだといわれています。ですから、マナーを身に付けている人の身のこなしからは、思いやりというあたたかい心があふれ、人に幸福感を与える美しいエネルギーが生まれてくるのです。

地場修正によって生活環境が改善されたことで、身のこなしが変わる人を、これまでたくさん見てきました。心身共に良い場の影響を受けることで、それが行動や所作にも反映されていくのかもしれません。

また逆も真なりで、自分の身のこなしを意識して整えることで、周囲の場のエネルギーを良くすることもできます。美しい身のこなしが習慣になると、その何気ない動きが場の空気を居心地の良いものに変えてしまうのです。たとえば、電車の中で両足を大きく広げて座っている方を見かけることがよくあります。男性に多いですね（まれに女性もいますが）。あのような行為は、周囲の人に不快感を与えます。そして、居心地が悪いと、幸運は逃げていってしまいます。

でも、思いやりの心が原点となるマナーを心得ている人は、電車の中では隣の人の事を考えて足を揃えて座り、荷物は邪魔にならないよう膝の上に乗せることでしょう。こうした身のこなしは、たとえ何気ないものであっても、はたから見ると美しさを感じます。こういう人は幸運に好かれる代表的な体質の持ち主だといえるでしょう。

常に自分を客観的に見つめる心を持ち、普段行っている所作や行動をチェックし、人に心地良さを与えられるような身のこなしができるように、努力してみましょう。

思いやりの気持ち（＝マナー）を持つことで、あなたの身のこなしは美しく整っていくはずです。そして、そこにはあたたかいエネルギーが生まれていきます。積み重ねることで、次第に幸運体質へ近付いていくことでしょう。

当たり前ではない幸せに気付く

人の思いや言葉にもエネルギーは宿っています。

特に「ありがとう」という感謝の心や言葉には、光のようなエネルギーが宿ります。毎日の生活の中で、自分からできるだけたくさん感謝の言葉を口に出したり、心の中で唱えたりしましょう。自分のエネルギーが次第に高まっていき、幸運体質がつくられていきます。

感謝の心を持てる人は、いつも静かに輝いて、あたたかい雰囲気を放ち、その人自身が光のように存在します。そして常に人や運に恵まれ、自信を持って人生を歩んでいるような印象があります。

また、「ありがとう」と口にすることで、そこには言霊のパワーが加わります。それは、その人自身の霊性を高めることにつながり、周囲のエネルギーをも高めていきます。心と言葉を一致させて、心から「ありがとう」という感謝の言葉がいえるようになれると良いですね。

もし、どうしても「感謝ができない」心境のときには、身のまわりを見渡してみてください。そこには、たくさんの恵みがあることに気付くことができます。

心と身体を休める家があり、家族があり、働ける場所があり、食べることも水を飲むこともできるというありがたさ。友人がいること、使えるお金があること、目が見えること、耳が聞こえること、話ができること、平和な国で暮らせることの幸福。今日を生きられない人もいます。食べることも、水を飲むこともできない人もいます。戦火におびえながら暮らす人もいます。当たり前だと思っていることは、実は当たり前ではないことに気が付くと、自然と自分が生きていられることに感謝ができるようになっていきます。

地場修正を希望される方々の多くが、何らかの問題を抱えて私の元にいらっしゃいます。そういった方々が地場修正を行い、心地良い生活ができるようになると、「普通の生活ができることが嬉しい」と、みなさん口を揃えていわれます。何事もなく普通の生活ができることが、どれだけ幸せなのかということを実感されるのだそうです。そして、以前よりも「ありがとう」という感謝の気持ちが持てるようになったともいわれます。当たり前のことが実は当たり前ではなく、恵まれていることなのだと気付かれるようです。そして、そこに感謝が生まれます。

こうして感謝の言葉を日々口にし、感謝の気持ちを持てるようになると、その良いエネルギーに引き寄せられるように、さらに感謝したくなるような嬉しいことが起こってきます。これこそ、感謝によってつくられた幸運体質がもたらすものなのです。

ここで役立つ豆知識

年に二回の心身の祓い清め

人間は邪気を蓄積する生きものです。

本来なら毎日の生活の中で、邪気をこまめに浄化するのが理想ですが、知らず知らずのうちに蓄積するため、気付かずに放っておかれることが多いのです。半年以上邪気を放っておくと、不運の種が発芽してしまいますから、その前に浄化をしなければなりません。神社では六月と十二月の晦日に、「大祓（おおはらえ）」という神事が行われ、こうした邪気を祓ってくれます。

六月の大祓を夏越の祓（なごしのはらえ）、十二月の大祓を年越の祓（としこしのはらえ）といいます。

この神事の中では「茅の輪（ちのわ）くぐり」というものが行われます。茅草でつくられた大きな輪を左まわりにくぐったら、次は右まわりにくぐるというように、八の字に三回行うことで穢れを祓い清めるというものです。

このように昔からの伝統行事には深い意味があるものです。自分自身を浄化する機会として、ぜひ活用しましょう。

第5章

実践④〜因縁の浄化

最後は、最も強力に運命の好転につながる、因縁の浄化についてご紹介します。
因縁と聞くと宗教めいた言葉のように感じられるかもしれませんが、「物事には必ず原因があって、その影響で結果が生ずる」というかかわりのことであり、簡単にいえば、良い因縁からは良い結果が生まれ、悪い因縁からは悪い結果が生まれるということになるでしょう。

地場修正を通して、私が受けてきた相談の中には、「これは土地の影響」「これはご先祖様からの影響」……と判断できるケースに出会うことが何度もありました。

そうしたケースと向き合う度に、やはり、人生を充実させていくためには、悪い因縁を上手にクリアしていくことは大切なことだと実感してきたのです。そのためにも、因縁をできるだけ自分でつくらないように心がけることはもちろんのこと、悪い因縁を良いものに変える努力を今を生きる私たちがしていくことは非常に大事です。

そして、そのための一番の近道は、先祖供養だと私は考えています。

場の浄化や場のエネルギーアップ、そして幸運体質づくりだけではなく、先祖供養の実践があってこそ、本当の意味での「浄化生活」は完成します。因縁を浄化し、運命を好転させていきましょう。

ご先祖様に対する心構え

私たちは、連綿とつながる命の連鎖、つまり多くのご先祖様の存在があって命と肉体を授かって生きています。多くのご先祖様は、この世で懸命に頑張る私たちを見守り、応援してくれているのですが、中には苦しい思いを残したまま成仏できずにいる存在もいます。ご先祖様を成仏させることができるのは、生きている子孫によるご供養や感謝の祈りだけです。

ご先祖様が成仏することができれば、その子孫である私たちの運気も上がります。なぜなら、ご先祖様が成仏されますと、今度は守護霊として、現世を生きる私たちを応援してくれる立場になられるからです。

ただし注意しておきたいことがあります。

自分の開運を願うために供養をしても、ご先祖様には喜んでもらえません。「運が良くなりたいから」とか「病気を治したいから」といった我欲を持たず、純粋な感謝の気持ちで供養をするからこそ、喜んでもらえて、応援してくれる存在になられるのです。その点をくれぐれも忘れないようにしてください。

墓地の清め方

成仏につながるような供養の基本として、私は墓地（お墓）の浄化をおすすめしています。これは地場修正を実践する中で生まれた、「場の浄化」「場のエネルギーアップ」というエッセンスを取り入れた独自の方法です。

浄化力の高い天然塩*や水などを用いて墓地を清めることで、ご先祖様と現世を生きる私たちとのつながりが強まり、供養の心が届きやすくなります。

墓地浄化の手順

①「お墓参りに来ました」と入り口であいさつをします。

②まず、墓地の周囲を左まわりに、次に墓地全体と墓石のまわりに塩を軽く振ってお清めします。こうすることによって邪気や浮遊霊を祓います。墓地の四隅には塩を他の場所より多めに。後はほんの気持ち程度で結構です。

③日本酒（できれば縁起の良い名称のもの）を②と同様に撒きながらお清めします。

④墓石に水（できれば浄水器を通した水、もしくはミネラルウォーターでも可）をかけ、タワシや布などで丁寧に掃除していきます。最後には水分を乾いた布でキレイに拭き取ります。

⑤土壌改良剤*（浄化に優れたもの、もしくは天然ミネラル鉱石の改良剤でも代用可）を墓地全体に、雪化粧するような感じで軽く撒き、その上に水*を撒きます。コンクリートになっている場合も同様です。

⑥墓地の四隅に、線香ではなく、香りの良い天然素材のお香*を立てて焚いてく

ださい（浄化した墓地とお参りする自分自身を囲む結界をつくるため）。

⑦最後に花や線香を供え、手を合わせて感謝を捧げましょう。

ご先祖様には常に感謝の気持ちを

私たちをサポートしてくれる目に見えない存在のことは、守護霊や守護天使、スピリチュアルガイドなどと呼ばれることもありますが、日本人にとってやはり馴染み深いのは、「ご先祖様が傍で守ってくださっている」という言葉や考え方でしょう。幼い頃、おじいちゃんやおばあちゃんから、そうした言葉を聞かされたという方も多いのではないでしょうか。

先の心構えのページでも説明しましたが、ご先祖様を成仏させてあげられるのは子孫だけです。成仏後のご先祖様は子孫をサポートする存在になるため、ご供養が進めば進むほど運命を好転させるような多くのサポートが得られるようになっていくのです。

供養の方法は、何もお墓参りや、仏壇に手を合わせるだけではありません。日常の中で簡単にできる方法があります。それは、ご先祖様に「ありがとう」と声をかけること。心で思いを届けることです。

何か良いことがあったら、ご加護のお陰だと思い、「ご先祖様ありがとう」と語りかければ良いのです。もしくは、心の中で思えば良いでしょう。

毎日の生活の中で、ご先祖様に対して感謝の気持ちを届けることを、いつでも実践しましょう。

「また良いことがありました。いつもありがとうございます」「今助けてくれて、ありがとうございます」という感じです。

最も良いのは、何もないときでも、そういったことを常に思える習慣を身に付けることです。何事もなく、いつも通りに一日を過ごせただけでも、十分私たちが守られていることの証になるからです。この習慣が身に付くと、一日のうちに何度も思い出しては、ご先祖様に感謝ができるようになります。

慣れてきたら、「今日も守ってくださってありがとうございます」「導いてくださってありがとうございます」「ご加護に感謝します。ありがとうございます」「お陰で今日もこうして生きていられます。ありがとうございます」など、自分の好きな言葉を見つけてみましょう。言葉が思い浮かばないときはシンプルに、「ご先祖様、ありがとう」で良いでしょう。

こうして、毎日感謝の言葉をかけて、ご先祖様と仲良くなってください。

よく仏壇の前などで、願い事をされる方がいらっしゃいます。しかし、成仏されたご先祖様にしてみれば、子孫のことはすべてお見通しですから、わざわざ願い事を伝える必要はありません。

また、逆に、願いの先にいるのが成仏できずに苦しんでいるご先祖様であったなら、子孫の願いを叶える余裕などないでしょう。

ですから、願い事をするのではなく、日々「ありがとう」と感謝を捧げていくと、成仏される存在が増えますし、結局はご先祖様に心が届いてご供養につながります。その結果、サポートが強くなり、みなさんの運命の好転にもつながって、願い事も自然に叶うという流れが生まれてきます。難しいことではありませんから、毎日の習慣として、ぜひ実践してみてください。

＊浄化専用の特別な天然塩、土壌改良材、浄化水、お香など、墓地浄化に最適な製品があります。詳細については、巻末記載の株式会社地場エネルギーまでお問い合わせください。

あとがき〜自分の人生に合った場づくりを

ある目的を持ってつくり込まれた場には、特別な力が宿ります。神社やお寺などはその好例でしょう。現在、こうした場は、運気改善や幸運を引き寄せる聖地として人気ですが、これは長い年月をかけた場づくりの結果でもあります。

長年にわたって場のエネルギーを改善してきた過程で、私は、場づくりの達人と呼ばれるような方々にもたくさんお会いしてきましたが、そうした方々はみな、その重要性をよくご存知でした。

たとえば、心理カウンセリングの現場では、その技術だけではなく、「どんな場所でカウンセリングを行うのか？」ということも非常に重要視されます。机、椅子、家具の配置、部屋の明るさ、出入り口や窓からの距離、向き、そして掃除と整理整頓などなど。クライアントの心に不安やストレスをかけないための場づくり・空間づくりが、徹底して行われています。そうすることで、カウンセリングとクライアントの問題解決をスムーズにすることができるのだといいます。

同じように、私たちが住んでいる家も、丁寧な場づくりを行うことで、運気改善や幸運を引き寄せる聖地にすることが可能なのです。そのための手法を、全5章を通して、この度まとめることができました。この本が、多くのみなさんの「浄化生活」の実践と、人生に合った場づくり実現のお役に立てば幸いです。

最後に、拙い文章を分かりやすく素敵な文章に生まれ変わらせてくれた布施裕美子さん、様々なアドバイスもいただいて本当に助かりました。ありがとうございました。そして、本書の出版にご協力いただきました、株式会社ヴォイス出版事業部の大森様に深く感謝申し上げます。

みなさまの幸運な人生を願って。

二〇一三年一月吉日

堀尾和正

プロフィール

堀尾　和正（ほりお　かずまさ）

1961年生まれ。株式会社地場エネルギー代表取締役社長。依頼があれば日本全国どこへでも自ら出向き、場の浄化を行う地場修正のプロフェッショナルとして活躍。独自の土壌改良剤と活水器を使い、農業アドバイザーとして農業生産のサポートをはじめ、ゴルフ場やサッカーグラウンドなどの土壌改善にも従事。場のエネルギーの観点に基づき、企業から一般家庭まで、様々な問題解決と生活向上をサポート。土地や場空間のエネルギー研究から生まれたオリジナル技術である地場修正は、活水器による活性水を中心に据えた場の浄化法であり、一戸建からマンションやアパート、オフィスまで対応が可能なため、悩みを抱える多くの人々の問題解決に役立っている。また、心身の癒しと健康をテーマに、様々なアイテムを開発。現在は、原発事故による放射能汚染土壌の浄化事業への協力依頼にも対応中。社長という肩書きを感じさせない、ユーモアと優しさに満ちた人柄が多くの人に癒しを与え、全国にファンも多い。スキーの腕前はプロ並み。

http://www.5-369.com/

http://5369.shop-pro.jp/

人生を豊かにする浄化生活
今日からできるかんたん浄化実践ガイドブック

2013年2月15日　第1版第1刷　発行
2014年3月31日　第1版第2刷　発行

著　　者／堀尾和正
編集協力／布施裕美子
編　　集／矢吹竜二
イラスト／ぱん
装　　幀／よすがでざいん
デザイン／竹内宏和（藤原印刷株式会社プリプレス部）

発　　行／株式会社地場エネルギー
〒102-0076　東京都千代田区五番町2-4-30A
☎03-3263-7369㈹　FAX 03-3263-7370
http://www.5-369.com/　✉info@5-369.com

発　　売／株式会社ヴォイス　出版事業部
〒106-0031　東京都港区西麻布3-24-17　広瀬ビル2F
☎03-5474-5777㈹　☎03-3408-7473（編集）　FAX 03-5411-1939
http://www.voice-inc.co.jp/

印刷・製本　藤原印刷株式会社

ISBN978-4-89976-337-6

※本書の内容や紹介中の製品については、株式会社地場エネルギーまでお問い合わせください。